PAQUEBOTS TRANSATLANTIQUES.

CHERBOURG.

329. — PARIS, IMPRIMERIE H. SIMON DAUTREVILLE ET Cᵉ, RUE NEUVE-DES-BONS-ENFANTS, 5.

SOMMAIRE :

Intérêt commercial. Ligne de New-York
—   — des Antilles.
—   — du Brésil.
—   Lignes réunies.
Intérêt politique et commercial.

OBSERVATIONS

SUR LES

PAQUEBOTS TRANSATLANTIQUES

Par M. NOEL,

Ex-Maire de Cherbourg et ancien Représentant.

L'établissement des paquebots transatlantiques doit satisfaire à deux conditions :

1° En temps de paix, desservir avec le maximum de sûreté, de vitesse et d'économie, les intérêts du pays dont ils doivent développer les rapports, et en particulier les intérêts de l'industrie et du commerce français.

2° En temps de guerre, ajouter aux forces militaires du pays la plus grande somme possible de puissance.

Le nombre, la grandeur et le point de départ des steamers doivent être fixés en conséquence.

La question doit donc être envisagée successivement sous le double rapport commercial et militaire. Je commence par le premier.

INTÉRÊT COMMERCIAL.

On paraît être généralement d'accord sur un point, c'est que quatre lignes de paquebots sont nécessaires à la France :

La ligne de New-York ;

Celle des Antilles et du Mexique ;

Celle du Brésil et de la Plata ;

Enfin celle du Levant.

Cette dernière existe. Nous n'avons donc qu'à nous occuper des trois autres. Une observation leur est commune : c'est que, pour satisfaire aux trois conditions indiquées ci-dessus de sûreté, de vitesse et d'économie, ils doivent avoir les plus grandes dimensions possibles. Toutefois, ces dimensions, ainsi que le nombre, doivent varier avec l'importance et la multiplicité des relations que comporte chaque ligne.

Plusieurs ports, dans les trois mers qui baignent la France, se disputent l'avantage du point de départ :

Le Havre et Cherbourg dans la Manche ;

Lorient, Nantes et Bordeaux, dans l'Océan ;

Marseille, dans la Méditerranée.

Les deux premiers ports appartiennent plus particulièrement aux intérêts de Paris, du nord, et de l'est de la France.

Lorient et Nantes, aux intérêts du nord-ouest.

Bordeaux à ceux du sud-ouest.

Enfin, Marseille, depuis long-temps, offre son port comme intermédiaire aux relations du midi de la France avec les pays transocéaniques.

Le point de départ ne doit point être choisi dans l'intérêt de tel ou tel port, pas même dans l'intérêt de telle ou telle partie de la France à laquelle ce port appartient.

Ce choix doit être fait de manière à satisfaire au plus grand nombre d'intérêts possibles en France.

L'existence de ces intérêts nous sera révélée par le courant actuel des affaires. Il s'agit de constater ce courant, de lui appliquer la puissance des nouveaux moyens de communication, d'ajouter au mouvement déjà existant une accélération nouvelle qui procure en peu de temps à notre commerce et à notre industrie tout le développement dont ils sont susceptibles.

Déplacer ce courant, serait imiter l'homme insensé qui, ayant déjà parcouru une grande partie de la route qui doit le conduire à sa destination, reviendrait au point de départ et choisirait une route nouvelle dont il ne connaîtrait ni la longueur ni les difficultés.

LIGNE DE NEW-YORK.

L'Amérique du Nord est un des pays avec lesquels nos rapports sont les plus étendus. Ces rapports existent surtout avec Paris, Lyon, l'Alsace et le nord de la France. Aussi, est-ce dans la Manche que viennent aborder les nombreux navires qui nous apportent les produits des États-unis, et c'est aussi par un des ports de la Manche, par le Havre, que s'exportent les objets que nous renvoyons en échange.

C'est encore cette voie qu'empruntent l'Amérique d'une part, l'Allemagne et la Suisse de l'autre, dans leurs nombreuses relations d'affaires. Il en résulte pour la France un transit considérable, dont il importe de lui conserver le bénéfice.

Ici, les intérêts sont tellement grands, tellement nombreux, ils se manifestent depuis long-temps avec une telle évidence, que le choix d'un port dans la Manche comme point de départ de la ligne de New-York, ne peut faire l'objet d'un doute. Les ports rivaux des deux autres mers en conviennent. Nous n'avons donc pas de comparaison à établir sous ce point de vue.

Mais une objection sérieuse existe pour le port du Havre.

Pour satisfaire aux trois conditions déjà indiquées, il faut des navires de grandes dimensions. On paraît être généralement d'accord que leur force ne doit pas être inférieure à celle de mille chevaux de vapeur. Cette limite nous est d'ailleurs rigoureusement imposée par l'exemple des Anglais, dont nous avons à soutenir la concurrence.

Or, des navires de mille chevaux tirent de six à sept mètres d'eau, et cette hauteur doit se trouver, sinon constamment, au moins à des intervalles de temps très rapprochés dans le port qui doit recevoir ces navires, afin que leur entrée et leur sortie soient toujours libres, et que la régularité de leur service soit bien assurée. Or, on sait que le port du Havre est loin de présenter cet avantage. Les sables et les galets viennent sans cesse en obstruer l'entrée, et ce n'est qu'à l'aide de fréquents déblais qu'on obtient à grand'peine un chenal assez profond pour le passage des grands navires qui fréquentent ce port.

L'absence d'une rade fermée rend encore l'entrée plus difficile. Elle est dangereuse quand les vents, soufflant en tempête, viennent du large et produisent entre les jetées des vagues profondes. Les navires sont exposés à talonner, suivant l'expérience des marins, et de graves avaries peuvent survenir. On en a vu quelquefois se perdre entièrement avant de pouvoir franchir l'entrée du port, et la lutte contre les éléments dans ces passes étroites, offrirait encore bien plus de dangers aux paquebots projetés, qui dépasseront en dimension nos vaisseaux de ligne eux-mêmes (1).

Si donc on veut établir entre la France et les États-Unis un service qui réponde aux exigences de la situation, et qui nous relève de l'état d'infériorité où les Anglais nous ont placés, il faut choisir dans la Manche un autre port. Il faut, comme eux, placer nos paquebots dans un port où ils soient sûrs de trouver toujours de l'eau, dans les quadratures comme dans les syzigies, dans un port d'où ils puissent sortir, où ils puissent entrer chaque jour de l'année, dans un port protégé par une rade fermée, sûre et tranquille, dont l'approche et l'entrée soient éclairées par des feux qui, par leur nombre et leur intensité, rendent la navigation aussi facile la nuit que le jour.

Un seul port dans la Manche satisfait à ces conditions, c'est celui de Cherbourg. Il satisfait encore à celles que nous avons reconnues comme nécessaires au commmencement de cet exposé. Il ne change pas le courant des transactions. Lorsque le chemin de fer de cette ville sera terminé, sa position ne différera pas sensiblement de celle du Havre, relativement à Paris, surtout pour les marchandises de valeur, pour les dépêches et pour les passagers. Elle sera la même pour l'Alsace, la Suisse et l'Allemagne.

(1) On assure que le *Humbolt* et le *Franklin*, faisant le service de New-York au Havre, ont, plusieurs fois, et tout récemment encore, subi des retards à la sortie de ce port. Il est facile et il importe de vérifier ce fait. La force réelle de ces navires ne dépasse pas, dit-on, 7 à 800 chevaux, quoique le chiffre officiel soit coté plus haut. On assure même que le *Franklin* n'a qu'une force de 600.

Ce choix n'enlèvera pas d'ailleurs au Havre ses avantages pure-
ment commerciaux. Cherbourg deviendra une place de commission ; mais le Havre sera toujours le grand marché de Paris et du
nord de la France. Les marchandises qui alimentent ce marché
lui seront apportées par la navigation ordinaire, et celles qui em-
prunteraient la voie des paquebots, lui seraient transmises facilement et en quelques heures, par des allèges; c'est pourquoi il
importe au Havre que le service transatlantique soit établi à Cherbourg et non ailleurs.

Une députation de cette ville a été entendue par la Commission
chargée d'examiner la question des paquebots transatlantiques.

M. le Maire, président de cette députation, M. le général
Dumoncel, qui a été long-temps directeur des fortifications, à
Cherbourg, M. de Lavrignais, ingénieur des constructions na-
vales depuis plusieurs années dans ce port, et plusieurs autres
membres, ont donné, sur les avantages que présente le port de
Cherbourg, des explications qui n'ont pu manquer d'exercer sur
l'esprit de la Commission, une impression favorable.

Elle m'a paru frappée surtout, et avec beaucoup de raison, des
détails qui lui ont été fournis par M. le général Dumoncel, sur
l'état comparatif des ports de la Manche entre eux. Les inspec-
tions du littoral, commandées par son service, lui ont permis
d'apprécier cet état par lui-même. Comme directeur à Cherbourg,
il a préparé les projets de fortifications, dont une partie, fon-
dée dans la mer, a exigé de lui des études attentives et prolon-
gées, sur la profondeur d'eau qu'on rencontre, à tout état de
marée, sur les parties de la rade qui bordent le rivage.

Personne plus que lui n'était donc en état d'éclairer la conférence sur cette question capitale. Eh bien ! il résulte des explications qu'il a données, que sur tout le littoral de la Manche,
la portion sous-marine des grèves n'a qu'une faible inclinaison,

qu'il faut s'éloigner beaucoup du rivage pour trouver de la profondeur, et que l'entrée des ports se trouve partout obstruée par des sables et des galets. En vain a-t-on fait sur quelques points des travaux considérables pour remédier à cet inconvénient. On a obtenu un résultat pour quelques jours, pour un temps plus ou moins long, mais bientôt il a fallu se soumettre à l'action irrésistible de la mer. Un chenal, a dit avec beaucoup de raison le général Dumoncel, ne se fait pas : c'est la nature qui le donne. -

L'entrée du port de commerce à Cherbourg présente elle-même une partié de ces inconvénients. La profondeur, à tout état de marée, ne serait pas suffisante pour permettre toujours le passage des paquebots projetés ; mais, à peu de distance du port militaire, il existe un point du rivage, qui satisfait, sous ce rapport, à toutes les exigences. Le nom donné autrefois à cette petite portion du littoral, indique suffisamment l'exception que la nature a faite en sa faveur. On l'appelait *fosse* du galet, et c'est cette fosse qui a déterminé le choix de l'emplacement du port, où des vaisseaux armés peuvent entrer à toute heure.

Près de ce port, on peut facilement creuser un vaste bassin, qui jouira à peu près des mêmes avantages, et dont l'entrée se trouve déjà toute faite ; car elle ne serait autre que la portion de fossé qui se trouve en avant du front des fortifications coté 9 – 10, faisant face à la rade.

Cet emplacement serait d'autant plus convenable, qu'il se trouverait entre le port militaire d'un côté, la ville et le port marchand de l'autre. Dans des cas extraordinaires, les usines et les chantiers de la marine prêteraient au service transatlantique un prompt et facile secours. Celui-ci trouverait à peu de distance de vastes terrains, où il établirait à son aise ses propres ateliers et ses magasins.

M. de Sery, ingénieur des ponts-et-chaussées, qui a été chargé de préparer un projet, a dû être entendu par la conférence, et lui aura donné, je n'en doute pas, des explications à ce sujet, qui l'auront complètement satisfaite.

Il résulte des renseignements qui m'ont été donnés par cet ingénieur, que la rade de Cherbourg est aujourd'hui comme un vaste bassin où les navires pourraient prendre leur chargement avec autant de sûreté que dans le port lui-même.

Je reviendrai sur la question du port de Cherbourg, quand je traiterai la question militaire ; mais je crois qu'il est déjà démontré qu'en envisageant seulement l'intérêt commercial, il est impossible de placer ailleurs le point de départ des paquebots transatlantiques pour New-York (1).

LIGNE DES ANTILLES ET DU MEXIQUE.

Si la ligne de New-York ne paraît pas jusqu'ici disputée par les ports de l'Océan et de la Méditerranée, il n'en est pas de même des autres. Nantes se prévaut de la loi de 1840, qui lui accordait la ligne du Brésil. Bordeaux et Marseille, entre lesquelles celle du Mexique se trouvait partagée, réclament aujourd'hui l'une et l'autre ligne.

(1) Pendant 18 ans que j'ai été maire de Cherbourg, j'ai eu occasion, comme président de la Commission sanitaire, de constater ce fait. De grands navires, mais d'un tonnage bien éloigné de celui qu'auront les paquebots, sont venus souvent relâcher sur la rade de Cherbourg, en attendant qu'il y eût de l'eau au Havre, et profitaient de leur relâche pour se faire admettre à libre pratique.

Depuis ce temps, par l'achèvement de la digue, ou au moins avec le degré d'avancement où elle est aujourd'hui, la rade de Cherbour est devenue un vaste bassin, et celle du Havre est restée la même.

Nous avons donc à examiner avec détail , quelle est celle des quatre parties de la France, indiquée plus haut , dont les relations sont le plus étendues avec chacune de ces lignes, et d'abord avec celle du Mexique.

C'est par le Havre, avons-nous dit , qu'ont passé jusqu'ici tous les objets d'échange entre les deux Amériques, et toute cette riche partie de la France qui s'étend de la Manche jusqu'aux frontières de la Suisse , de l'Allemagne et de la Belgique. C'est par le Havre aussi et à travers cette portion de notre territoire, que transitent une partie des marchandises que reçoivent et qu'exportent les pays étrangers que je viens d'indiquer.

Sous ce double point de vue , comparons entre eux les quatre ports concurrents, en ce qui concerne la ligne des Antilles et du Mexique.

La ligne dont nous nous occupons , établira particulièrement des relations avec les Antilles Française et Espagnole, le Mexique, Guatemala , la Nouvelle-Grenade, Venezuela, Haïti , la Nouvelle-Orléans et la Guyane Française.

Je cherche dans le tableau général du commerce, publié par l'administration des douanes pour 1851, l'état de la navigation entre les quatre ports et ces divers pays, et je trouve pour l'ensemble, sauf la Nouvelle-Orléans qui se trouve confondue avec les États-Unis, les résultats suivants :

NAVIRES ENTRÉS ET SORTIS EN 1851 :

Le Havre. Nombre de navires,	315	Tonnage	72,208.
Nantes,	—	67	—	15,129
Bordeaux,	—	301	—	40,818
Marseille,	—	220	—	47,961

En comparant les chiffres qui indiquent le tonnage, on voit quelle est la supériorité du Havre sur chacun des trois autres ports. Cette supériorité aurait encore beaucoup augmenté si j'avais pu comprendre dans ce tableau le mouvement de la navigation entre la France et la Nouvelle-Orléans; car on sait que c'est de ce port surtout que s'exportent les cotons qui viennent alimenter nos fabriques du Nord et de l'Alsace, et que Paris et Lyon lui renvoient par Le Havre les produits de leur industrie.

Les autres ports, parmi lesquels je comprends Lorient, qui se trouve à peu près dans la même situation que Nantes relativement au reste de la France; les autres ports, dis-je, ne peuvent contester la valeur significative de ces chiffres. Aussi Marseille paraît s'en tenir à la ligne du Brésil; mais Bordeaux et Nantes mettent en avant leur position sur l'Océan, plus rapprochée des ports de destination.

Bordeaux doit avoir quarante-huit heures et Nantes vingt-quatre heures d'avance sur les navires partant de la Manche.

Les paquebots, dit un rapport fait au conseil municipal de Bordeaux, le 15 novembre dernier, sont surtout destinés au transport des dépêches et des voyageers. Par conséquent, la brièveté du parcours est la considération la plus importante; c'est le moyen de combattre la concurrence anglaise, qui sera toujours redoutable au Havre.

Il est facile, je crois, de répondre à cet argument. Sans doute les marchandises d'encombrement, tels que les vins, par exemple, choisiront de préférence les bâtiments à voile ; mais toutes celles qui comprennent une même valeur sous un moindre volume, seront certainement expédiées par les steamers. C'est une des raisons pour lesquelles leur point de départ dans la Manche sera toujours préférable. Car les marchandises exportées par la Suisse, par l'est et le nord de la France et par l'industrie parisienne, comprennent généralement des objets de valeur. Elles atteindront plus promptement et surtout plus économiquement le port d'embarquement dans la Manche que Bordeaux, avec lequel la plupart de ces pays n'ont aucune communication directe.

Le rapport déjà cité dit, à la vérité, qu'il serait facile d'établir une communication entre Bordeaux et Mulhouse aussi courte qu'entre cette dernière ville et Le Havre; mais il ne donne aucune preuve à l'appui de cette assertion. Nous pouvons dire, je crois, que cette communication, pour être directe, rencontrerait de grands obstacles et exigerait des dépenses au-delà de toute proportion avec le bénéfice que le pays pourrait en retirer.

Admettons toutefois que la considération du moindre parcours ait toute l'importance que lui attribue Bordeaux. On peut demander à l'honorable auteur du rapport précité, d'où il compte les distances, si c'est du port même ou bien de l'embouchure de la rivière. Si c'est de ce dernier point, il se peut qu'il y ait, jusqu'à la Martinique, quelques milles de moins qu'en partant de la Manche. Mais s'il s'agit du port de Bordeaux lui-même, je demanderai, à mon tour, si le parcours de la rivière n'est pas de nature à établir une compensation.

Cette question me mène à une autre plus importante.

Nous avons dit qu'il fallait des navires d'un grand tonnage. On paraît admettre que la ligne du Mexique exigerait des navires de huit cents chevaux. Je demanderai si l'état de la rivière est tel qu'elle puisse recevoir sûrement des bâtiments aussi considérables.

Mon doute est déjà justifié par le tableau de la navigation que j'ai tracé plus haut entre Bordeaux et le golfe du Mexique. Les 301 navires entrés et sortis en 1851 jaugeaient 40,818 tonneaux, ce qui donne, en moyenne, 136 tonneaux à chacun, chiffre très inférieur à celui des autres ports.

Mais j'ai, pour douter, des raisons beaucoup plus fortes : elles sont puisées dans un document officiel émané du conseil municipal de Bordeaux lui-même. Tout récemment, dans la séance du 13 septembre, un rapport a été fait sur les passes de la Basse-Garonne et de la Gironde, dans lequel je lis le passage suivant :

« Depuis 1842, et surtout dans les trois dernières années, les
» passes se sont considérablement exhaussées.... Il ne faut pas
» se dissimuler la gravité de cette position.... avec la tendance à
» la construction des grands navires, nous devons craindre que
» la profondeur des passes devienne un véritable obstacle pour
» les bâtiments ayant plus de cinq mètres vingt centimètres de
» tirant d'eau. »

L'objection que fait naître cet état de la rivière contre l'établissement d'un service transatlantique, est grave. Si, depuis trois ans seulement, il y a eu un exhaussement considérable des passes, que deviendra la rivière dans quelques années, si on ne porte au mal un remède prompt et énergique? Et ce remède étant appliqué, peut-on assurer que l'effet en sera durable? Le journal d'où j'ai extrait ces renseignements ajoute que des études ont été faites et que les ingénieurs ne sont pas d'accord sur les moyens à employer. Cette objection, je le répète, mériterait l'examen le plus sérieux, si les autres considérations que j'ai exposées ne suffisaient pas pour écarter les prétentions du port de Bordeaux de la ligne dont nous nous occupons.

Nantes est encore moins favorisé que Bordeaux sous le rapport de sa rivière. Aussi ne prétend-il pas faire arriver les paquebots jusque devant ses quais. Il les arrête à Saint-Nazaire. Mais là, tout est à créer : port, bassins et rade, et une rade ne peut être fermée (en supposant l'entreprise possible) qu'avec d'énormes dépenses et un temps très long.

Mais il est inutile de s'appesantir sur cette question. Le chiffre cité plus haut, qui représente l'importance des relations de Nantes avec le golfe du Mexique, ce chiffre suffit. Il égale à peine le cinquième de celui qui est indiqué pour Le Havre, et le tiers de ceux des deux autres ports.

Je crois en avoir dit assez pour prouver que la ligne des Antilles et du Mexique doit avoir, comme celle de New-York, son point de départ dans la Manche et conséquemment à Cherbourg.

Je passe à la troisième ligne.

LIGNE DU BRÉSIL.

Cette ligne est celle qui excite les plus grandes et les plus nombreuses rivalités. Tous les ports se la disputent. La loi de 1840 en avait doté celui de Nantes ; Marseille la réclame d'une manière toute spéciale. Il y a donc lieu d'examiner avec détail les motifs qui militent en faveur de chacune.

Cette ligne doit aboutir également à Buenos-Ayres et à Montevideo. J'ai donc à examiner d'abord quelle est l'importance des relations entre les quatre ports concurrents, d'une part, le Brésil et les deux rives de la Plata, de l'autre.

Comme pour la ligne précédente, j'ai fait le dépouillement des chiffres consignés dans le tableau officiel du commerce de la France en 1851, et j'ai trouvé, comme représentant l'importance de la navigation entre les pays étrangers que je viens de citer et chacun de nos quatre ports, les résultats suivants :

Le Havre. Nombre de navires, 143. Tonnage, 36,108
Nantes. — 5 — 821
Bordeaux. — 56 — 12,036
Marseille. — 180 — 34,326

Ici, le chiffre de Nantes est tellement faible, que j'ai dû recher-cher s'il n'était pas dû à des circonstances tout exceptionnelles. D'un autre côté, les chiffres du Havre et de Marseille sont telle-ment rapprochés, que j'ai senti le besoin d'une autre compa-raison.

J'ai donc cherché les résultats qui appartiennent à l'année 1850, et j'ai trouvé les chiffres suivants :

Le Havre. Nombre de navires, 139. Tonnage, 33,251		
Nantes.	— 8	— 1,398
Bordeaux.	— 41	— 10,167
Marseille.	— 129	— 24,768

De cette double comparaison, il résulte que le Havre et Mar-seille ont une immense supériorité sur les deux autres ports, et que le Havre a sur Marseille une supériorité marquée.

Ajoutons que, depuis l'établissement à Southampton d'une ligne pour le Brésil, les voyageurs, les dépêches et les marchandises qui seraient directement expédiés du Havre ou de Cherbourg, si nos paquebots étaient organisés, empruntent la ligne anglaise, tandis que Marseille n'éprouve aucun affaiblissement dans ses relations par la concurrence d'une ligne voisine.

On se fera une idée de l'immense mouvement que produit à Southampton l'établissement du service transatlantique, lorsqu'on saura que du 5 au 8 décembre courant, dix grands steamers sont entrés dans ce port, dont quelques-uns ont apporté jusqu'à 80,000 lettres, dont une partie, sans doute, était destinée pour la France.

Ne voyons-nous pas souvent insérer, dans les journaux fran-çais, cet avis affligeant pour notre pays, sous la rubrique officielle de *poste aux lettres* : que tel jour, tel paquebot partira de Southamp-ton pour l'une des deux Amériques? Cet avis est à l'adresse du nord de la France plutôt que du midi, et si cette dernière partie en profite quelquefois pour les dépêches, il est probable qu'il n'en est pas ainsi pour les voyageurs et encore moins pour les marchandises.

Mais, disent les défenseurs des intérêts de Marseille et du Midi, nous avons seuls un port vaste et profond, capable de recevoir les grands navires, et possédant des cales sèches pour les réparations.

Nos communications avec la Suisse sont courtes et faciles, et bientôt nous en aurons avec l'Alsace.

Gênes est à nos portes, qui organise un service transatlantique, et le Piémont enlèvera bientôt à la France le transit que nécessite aujourd'hui à travers notre pays le commerce important de nos voisins.

Enfin, nous avons des relations avec la côte occidentale d'Afrique, que la ligne du Brésil pourra aider à développer.

A Dieu ne plaise que nous veuillons contester la puissance commerciale de Marseille ; elle est l'honneur de notre pays, et nous ne voudrions pas qu'il lui en fût soustrait la moindre parcelle. Mais c'est précisément parce que cette puissance est grande et incontestée, et que les éléments d'un accroissement incessant dans sa prospérité se multiplient autour d'elle, qu'elle ne voudra pas non plus enlever aux autres parties de la France le bénéfice de la position dont elle jouit aujourd'hui.

C'est pour cela que Marseille entendra, avec le calme et l'impartialité que donne la conscience de la force, la réponse que lui feront les intérêts du nord et de l'est de la France.

Vous avez un port prêt à recevoir de grands navires. Nous avons Cherbourg avec sa profondeur d'eau, sa rade fermée et ses formes de radoub pour les plus grands vaisseaux, tandis que vos

cales sèches ne peuvent servir qu'aux bâtiments à voile d'un tonnage ordinaire.

Nos communications avec la Suisse et l'Alsace sont telles,
qu'elles servent depuis long-temps à leurs relations avec les deux
Amériques. La ville de Lyon elle-même, beaucoup plus rapprochée
de vous que l'Alsace, exporte ses soieries par le Havre et non
par Marseille.

Vous craignez, pour notre commerce de transit, la concurrence
de Gênes et du Piémont! Mais, celle de Southampton et de l'Angleterre est bien autrement redoutable ; car elle existe dès aujourd'hui, tandis que l'autre, qui est à créer, exige, pour son entier développement, la construction d'un chemin de fer à travers
les Alpes, dont la possibilité est encore un problème.

Vous avez, dites-vous, le commerce du Sénégal et d'une portion de la côte occidentale d'Afrique. Il emploie chaque année
160 navires environ, jaugeant de 25 à 30,000 tonneaux !

Cette navigation est considérable, sans doute ; mais on sait que
les arachides composent la majeure partie des chargements
pris à cette côte, et il n'est pas probable qu'il y eût avantage à
transporter, par des paquebots, une marchandise d'aussi peu de
valeur.

Il y a, d'ailleurs, un moyen de concilier sur ce point tous les
intérêts. Ténériffe est un point de relâche pour les navires qui se
rendent aux Indes et au Brésil. Qu'un service soit établi de Marseille à Sainte-Croix ; qu'une compagnie, organisée par le commerce de la première de ces villes, prenne la direction de ce service, de manière à correspondre avec la ligne principale, et les
intérêts du midi seront satisfaits, sans rien enlever à ceux du
nord.

RÉUNION DES TROIS LIGNES.

J'ai donné les motifs particuliers à chacune des lignes, qui nous ont conduit à placer leur point de départ dans la Manche, c'est-à-dire à Cherbourg.

Il me reste à dire quelques mots sur les avantages qui résulteront, dans l'intérêt commercial lui-même, de cette concentration, surtout dans un port militaire.

Économie, sûreté, vitesse et parfaite régularité du service, telles sont, avons-nous dit, les qualités que nous devons demander aux paquebots transatlantiques.

Cette vaste entreprise exigera des dépenses considérables. Il faudra des usines, des chantiers, des magasins, un personnel administratif, qui constitueront ce qu'on appelle les frais généraux.

Si les lignes sont divisées, ces dépenses auront lieu dans chaque port de départ, et si elles n'atteignent pas le chiffre du service concentré, elles dépasseront certainement de beaucoup la proportion résultant de la division. Avec elle, le nombre des navires de rechange devra être plus grand, et le chiffre de la subvention à fournir par l'État s'élèvera nécessairement.

Avec la concentration, il y aura, au contraire, une économie qui permettra de ne rien négliger pour que le matériel des navires soit toujours dans un parfait état de conservation; pour que les aménagements offrent aux passagers toutes les commodités possibles; enfin, pour que les équipages soient toujours parfaitement composés en mécaniciens et marins. C'est dans l'accomplissement de ces conditions que se trouveront la sûreté de la navigation et l'attrait qui multipliera le nombre des passagers.

Les navires étant constamment dans un parfait état d'installation, rien n'arrêtera leur marche, et la régularité du service sera assurée.

Ce que je viens de dire s'applique à un port quelconque, et plus encore à un port militaire. Là, des usines et des matériaux existent déjà, qui, dans des cas extraordinaires et imprévus, pourront venir au secours de l'établissement transatlantique, et réciproquement celui-ci, à son tour, pourra venir en aide aux établissements de la marine.

A Cherbourg, où il n'y a que l'industrie produite par les travaux du gouvernement, qui cesseront même un jour ou éprouveront au moins une diminution notable, la main-d'œuvre, les vivres, les logements, les terrains, sont beaucoup moins chers qu'au Havre. Plus tard, sans doute, une hausse pourra se faire sentir, quand le service sera en pleine voie d'exécution, mais il n'est pas probable qu'elle atteigne jamais celle qui existe dans les grandes villes de commerce, et jusque-là on profitera de l'économie.

Un nouveau motif doit avoir, à nos yeux, une grande valeur, c'est que l'Angleterre vient de concentrer son service transatlantique à Southampton, près de Portsmouth, son premier port militaire. Les Anglais, il faut bien le dire, sont nos maîtres en matière commerciale, et nous ne pouvons mieux faire que de les imiter.

Enfin, je citerai encore, à l'appui de la concentration du service à Cherbourg, la soumission faite par la maison Levavasseur, de Rouen. Cette maison, qui occupe le premier rang parmi les armateurs de France, a, depuis long-temps, des intérêts nombreux et importants avec Le Havre; c'est de là que partent ses nombreux navires, et cependant elle n'a pas hésité un instant à choisir Cherbourg comme point de départ du service transatlantique.

INTÉRÊT POLITIQUE ET MILITAIRE.

L'intérêt politique est dans le nord et dans le midi de la France.

Il est dans la Manche en face de l'Angleterre, qui, en temps de paix, fait à notre navigation une redoutable concurrence; qui, en temps de guerre, ruinerait notre commerce et menacerait l'existence de nos établissements maritimes.

L'intérêt politique est dans la Méditerranée, où la Russie, l'Autriche et l'Angleterre encore, prétendent exercer leur influence; où la conservation de l'Algérie nous imposerait, en temps de guerre, un redoublement de surveillance et de protection.

La création d'un service transatlantique accroîtra, sans nul doute, l'influence de la France aux yeux des nations étrangères. Dans quelle mer faut-il le placer pour que cette influence acquière tout le développement dont elle est susceptible.

Est-ce dans la Manche, est-ce dans la Méditerranée? ou faut-il diviser le service entre ces deux mers?

Un mémoire, en faveur de Marseille, vient de paraître, sous le titre modeste de *Note sur les paquebots transatlantiques.* « Marseille, » y est-il dit, donne la main à l'Ancien et au Nouveau-Monde ; par » la mer Rouge, elle peut unir les Indes de l'Orient et de l'Occident; » elle a l'Espagne sur son parcours, l'Italie et le Levant derrière » elle ; enfin elle n'a pas l'Angleterre à ses côtés pour lui ravir » l'avantage de sa belle position. »

Cette citation suffirait presqu'à elle seule pour prouver que, s'il est nécessaire d'augmenter l'influence de la France, c'est plutôt dans la Manche que dans la Méditerranée.

Mais la France a encore dans cette dernière mer d'autres moyens d'influence que la *Note* ne fait pas remarquer.

Elle a sa flotte et ses amiraux, qui vont présenter successivement le pavillon français aux peuples des pays divers que baigne la Méditerranée, et qui apprennent aux étrangers à le respecter.

Marseille a le service des paquebots du Levant, qui la placent, qui placent la France en relation journalière avec des nations importantes et nombreuses.

Marseille a devant elle l'Algérie, qui est bientôt un autre royaume, dont elle est la seule intermédiaire avec la mère-patrie.

La France ne possède dans la Manche aucun de ces éléments d'influence, et, au contraire, la proximité de l'Angleterre (c'est un ami de Marseille qui le reconnaît), nous amoindrit. C'est donc là qu'est le côté faible; c'est donc là que les moyens d'influence doivent être portés dans leur entier.

Si nous examinons la question sous le rapport militaire, nous trouvons des raisons bien plus fortes encore pour concentrer dans la Manche tout le service transatlantique.

Toute la puissance navale de l'Angleterre est sur le littoral de la Manche. Elle a des ports nombreux et profonds. Nous n'en avons qu'un seul, et nous ne pouvons pas en avoir d'autres, parce qu'ailleurs il n'y a pas d'eau. Il importe donc de réunir à Cherbourg ce nouveau matériel qui va être créé, pour l'ajouter, en cas de guerre, à notre matériel flottant.

L'Angleterre aura son double service, militaire et commercial, pour ainsi dire, dans le même port; Southampton et Porstmouth, qui sont très rapprochés, ayant une rade commune.

La France peut avoir le même avantage. Elle aurait à Cherbourg ses deux services réunis, quoique parfaitement distincts, ayant chacun ses chantiers, ses ateliers, ses bassins complètement séparés, avec une rade communee.

Je ne fais qu'indiquer la question. Les officiers de marine et les ingénieurs, qui connaissent le port de Cherbourg, la développeront avec toute l'autorité de leur savoir et de leur expérience.

Je termine et résume en deux mots tout ce qui vient d'être dit.

Le courant des affaires qui doivent alimenter les trois lignes transatlantiques sur les deux Amériques, est dans la Manche, et ne peut être déplacé sans un grave préjudice pour les intérêts du pays, au profit de l'Angleterre.

Les travaux infructueux renouvelés sans cesse au Havre pour obtenir une profondeur d'eau convenable, ne permettent pas d'y placer les navires affectés à ce service.

Cherbourg est le seul port qui puisse les recevoir. C'est dans ce port, lui seul, que la réunion des trois lignes satisfait à la fois aux intérêts du commerce, à l'influence de notre politique, aux exigences de notre puissance navale.

NOEL (de Cherbourg).

Ancien Représentant.

Paris, 26 décembre 1852.

329 — PARIS. — IMPRIMERIE H. SIMON DAUTREVILLE ET Cᵉ, RUE Nᶜ-DES-BONS-ENFANTS, 3.

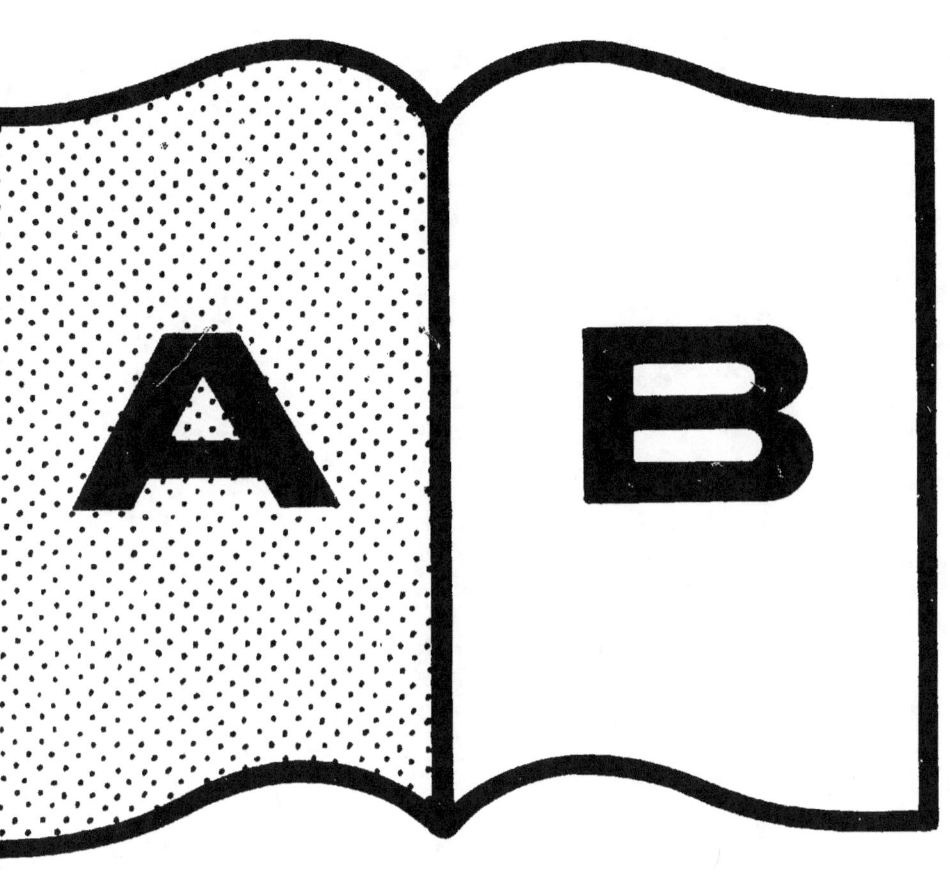

Contraste insuffisant

NF Z 43-120-14

www.ingramcontent.com/pod-product-compliance
Lightning Source LLC
LaVergne TN
LVHW010126060726
842524LV00005B/1766